INCLUS
La version numérique et audio du livre

Comment ça mar

1 Téléchargez l'application

Mille et une histoires à écouter

2 Déverrouillez

La légende de saint Nicolas

3 Écoutez et feuilletez

Votre histoire

DISPONIBLE SUR Google Play | Télécharger dans l'App Store

L'application est gratuite et disponible sur l'App Store et Google Play
Configuration minimale requise : iOS 8 ou Android 4.4

UNIQUE HERITAGE ÉDITIONS

Mille et une **histoires**

Édition et conception : Unique Heritage Éditions, SAS. 6, villa de Lourcine 75014 Paris
Adaptation : Valérie Chevereau
Illustration : Eve Tharlet

Adapté d'une chanson populaire

D'après *Mille et une histoires*, un magazine de Fleurus Presse

www.milleetunehistoires.fr

Achevé d'imprimer en France par Pollina (85) - 90884D

Dépôt légal octobre 2019

Loi n°49-956 du 16 juillet 1949 sur les publications destinées à la jeunesse

FABRIQUÉ EN FRANCE

La légende de saint Nicolas

Une promenade

Il y a très longtemps de cela, par un bel après-midi de printemps, trois petits enfants partirent courir dans les champs sans prévenir leurs parents.

Les oiseaux chantaient et les papillons dansaient autour d'Élisa, Pierre et Jean. Ces trois frères et sœur s'amusaient d'un rien !

Ils entamèrent une partie de cache-cache, firent un chat perché, cueillirent des fraises… Mais à la nuit tombée, ils avaient tellement gambadé qu'ils s'étaient égarés.

Ni Jean, ni Pierre, ni la petite Élisa ne savaient comment faire pour rentrer chez leurs parents.

Le boucher

– Papa et Maman vont s'inquiéter, dit Jean, l'aîné des trois enfants.
– J'ai faim, se plaignit Pierre, le cadet.
– Moi, je veux mon doudou, pleura Élisa, la plus jeune.
C'est alors qu'ils aperçurent une maison éclairée, à l'orée du bois où ils se trouvaient.
– Allons frapper, dit Jean, on nous donnera bien à manger.
– Et un lit pour dormir, renchérit Pierre.
– Moi, je veux ma maman, annonça Élisa.
L'homme qui leur ouvrit la porte était un boucher. Il portait un tablier taché et, partout, pendaient des jambons.

Un bol de soupe

– Bonsoir, monsieur le boucher. Nous sommes perdus, murmura Jean. Pouvons-nous dormir ici cette nuit ?

Il leur dit de sa grosse voix:

– Pour sûr ! Entrez, entrez, petits enfants ! Venez goûter ma soupe !

Les trois enfants suivirent le boucher dans sa cuisine. Il leur donna trois bols de soupe. Comme les petits avaient faim, ils la burent d'une seule traite.

Hélas, l'homme était un ogre ! Et il pensait :

« Dès que ces trois-là dormiront, je les mettrai dans mon tonneau. Ils sont beaux, ronds et seront meilleurs que des petits cochons ! »

Dans le tonneau !

Après avoir mangé leur bol de soupe, Jean, Pierre et Élisa tombèrent de sommeil. À peine eurent-ils fermé les yeux que le méchant homme les fourra dans son grand tonneau pour en faire des salaisons.
– Voilà, dormez tranquilles maintenant, rit-il de son vilain rire d'ogre en posant le couvercle sur leurs têtes.
Pendant ce temps, les parents des petits les cherchaient partout. Malheureusement, ils ne trouvèrent aucune trace de Jean, de Pierre, ni d'Élisa.
Les années passèrent, et les trois enfants dormaient toujours dans le tonneau...

L'arrivée de saint Nicolas

Sept ans plus tard, un soir de décembre, alors que l'hiver pointait le bout de son nez, le grand saint Nicolas vint à passer par là. Sur son âne, dans son bel habit rouge, il arriva devant la maison du boucher.

Comme s'il avait senti le danger, son âne se mit à braire.

– Qu'as-tu mon âne ? dit saint Nicolas. Veux-tu t'arrêter là ?

L'âne remua les oreilles comme pour dire oui. Alors, saint Nicolas, avec sa mitre sur la tête, descendit de sa monture et s'approcha de la porte du boucher.

« Toc, toc », fit-il avec sa crosse en or.

Un invité bien difficile

Le boucher s'approcha de la porte et, sans ouvrir, demanda de sa grosse voix :
– Qui va là ?
– Ouvre, c'est saint Nicolas ! Il fait bien froid. As-tu quelque chose à manger pour moi ? lui demanda-t-il.
– Oui, pourquoi pas ? Entrez, faites comme chez vous. J'ai un délicieux rôti de veau, répondit l'ogre, un peu inquiet.
– Non, dit saint Nicolas qui avait deviné que l'homme lui cachait quelque chose. Je n'en veux pas.
– Du poulet, alors ? proposa l'ogre.
– Non plus, répéta saint Nicolas.

La fuite du boucher

Saint Nicolas continuait de tout refuser et l'ogre finit par s'écrier, impatient :
– Mais que voulez-vous donc bien manger ?
– Donne-moi plutôt de ce cochon que tu gardes dans ton tonneau depuis sept ans !
À ces mots, le boucher se mit à trembler et bredouilla :
– Vous... vous... êtes sûr ?
– Oui, gronda saint Nicolas en frappant le sol de sa crosse, soudain très effrayant.
Terrorisé, le boucher hurla et s'enfuit en courant dans la nuit, laissant saint Nicolas, le petit âne et les enfants derrière lui.

Le réveil des petits

Alors, saint Nicolas s'approcha du tonneau, posa trois doigts dessus et dit de sa belle voix :

– Petits enfants qui dormez là, je suis le grand saint Nicolas. Un, deux, trois... sortez de là !

Miracle ! à ces mots, le couvercle du tonneau se souleva et les enfants apparurent...

– Ah, j'ai bien dormi ! s'exclama Jean en bâillant.

– Moi aussi, répondit Pierre en se frottant les yeux.

– Et moi, je me croyais au paradis, ajouta Élisa.

– Il était grand temps de vous réveiller, chers petits, dit saint Nicolas. Sortez donc d'ici, que nous quittions cet horrible endroit.

En route vers la maison

Le grand saint Nicolas dit aux trois frères et sœur :

– Vous savez sûrement qui je suis : chaque année, je viens apporter des cadeaux aux enfants sages. Je vais vous ramener chez vous, auprès de votre famille. Cependant, il ne faudra plus jamais partir ainsi sans la permission de vos parents.

– Promis ! Merci bon saint Nicolas ! s'écrièrent les enfants en grimpant sur l'âne du grand homme.

Et c'est ainsi que la veille du 6 décembre, saint Nicolas ramena les trois petits enfants chez eux sains et saufs... Leurs parents, fous de joie en les voyant arriver, les serrèrent dans leurs bras : la famille était enfin réunie !

Des carottes pour le petit âne

Alors qu'il s'apprêtait à repartir dans la nuit, pour distribuer des chocolats aux enfants les plus sages, saint Nicolas demanda à Jean, Pierre et Élisa :
– Mes petits, ce soir, avant de vous coucher, n'oubliez pas de mettre dans vos souliers une carotte pour mon âne... C'est grâce à lui et à son instinct que j'ai pu vous retrouver et vous sauver !
Ainsi, tous les ans, alors que l'hiver pointe le bout de son nez et que la neige commence à tomber, c'est ce que font les enfants pour remercier le gentil âne de saint Nicolas.

FIN

UNE HISTOIRE QUI FAIT DU BIEN

Pourquoi lire ce conte à mon enfant ?

Ce conte illustre l'un des miracles de saint Nicolas. Ce dernier porte secours à des enfants piégés par un ogre cruel. Le héros est un personnage de la tradition biblique, mais se trouve aussi être le bienfaiteur des enfants, qu'il sauve grâce à sa magie. Ici, le conte est adapté à la sensibilité des plus jeunes, puisque les enfants sont seulement plongés dans un profond sommeil, contrairement à la légende originelle.

L'enfant comprend que la figure inquiétante du boucher représente en fait la mort : il porte un tablier taché de sang et des couteaux aiguisés. L'opposition entre le bien et le mal, qui permet à l'enfant de distinguer les méchants des gentils, est rassurante pour lui.

Le conte met en garde le lecteur quant à l'imprudence des trois petits héros, qui partent de chez eux sans prévenir leurs parents. On comprend que, lorsqu'on s'aventure sans adulte, on s'expose à des situations dangereuses.

Des contes pour les petits
à lire et à écouter !

Peau d'âne

La petite sirène

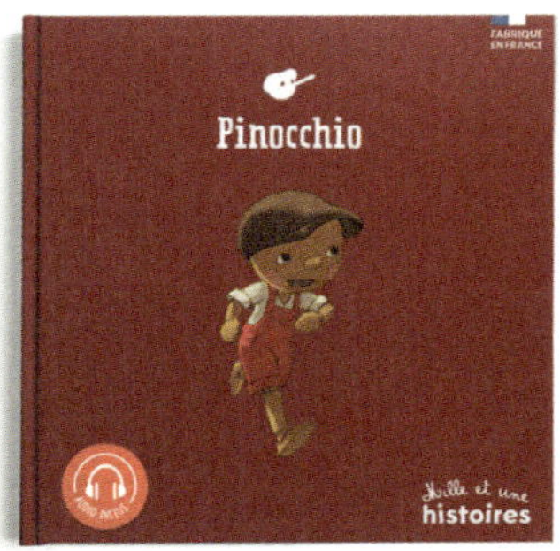

Pinocchio

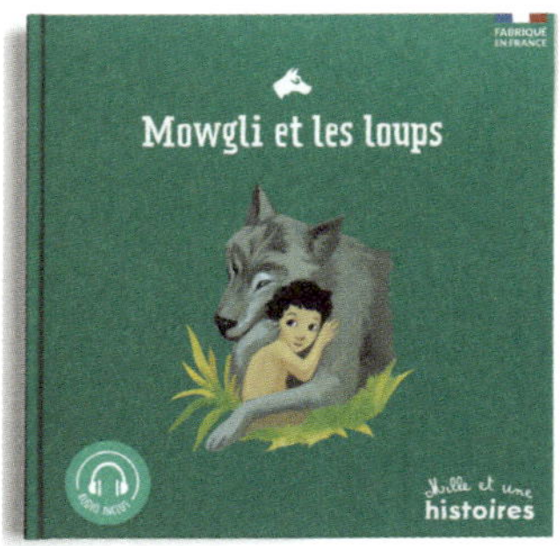

Mowgli et les loups

Retrouvez toute la collection

sur www.milleetunehistoires.fr et en librairie.

Le prince des roses

Hansel et Gretel

Pégase

Le rat des villes
et le rat des champs

Mille et une histoires
Le magazine mensuel

Retrouvez le magazine *Mille et une histoires* qui inspire cette collection !
Rendez-vous chez votre marchand de journaux ou abonnez-vous sur
www.milleetunehistoires.fr